ARIE VAN DER LIPPE

Getrocknete Blumen in natürlichen Farben

binden und stecken

Christophorus-Verlag · Freiburg i. Br.

HOBBY+WERKEN

INHALT

Zur Abbildung auf Seite 3:

Blühendes Blumenfeld Ende Juni in Holland: Rhodanthe maculata, rosa und weiß.

VORWORT

Blumen selbst trocknen, sie binden oder stek-
ken, das ist nicht nur eine kreative Freizeitbe-
schäftigung, es ist viel mehr – nämlich: sich ein
Stück Natur ins Haus holen und es erhalten; ei-
nen besonders engen Kontakt zur Natur gewin-
nen durch das Sammeln der Pflanzen, die sich
zum Trocknen eignen – und all das näher ken-
nenlernen, was draußen wächst.

Dieses Buch wird Ihnen verraten, welche einhei-
mischen Pflanzen sich zum Trocknen eignen,
wie und wo Sie trocknen können, wie aus dem
getrockneten Pflanzengut außergewöhnliche
Sträuße und Gestecke entstehen, mit denen Sie
sich und anderen Freude bereiten können. Das
getrocknete Ausgangsmaterial können Sie na-
türlich auch fertig kaufen, im Blumenladen oder
im Bastelgeschäft, da gibt es ein reichhaltiges
Angebot von exotischen Züchtungen, die dazu
noch in den vielfältigsten Farben angeboten
werden. Wenn Sie sich jedoch intensiver mit
dem Thema befassen wollen, sollten Sie schon
wissen, wie man selbst trocknet, welche Gar-
tenpflanzen oder in der Natur wildwachsende
Blumen, Gräser, Zweige, Blätter, Wurzeln, Bee-
ren . . . sich zum Trocknen eignen.

Natürlich müssen Sie sich nicht an die vorge-
schlagenen Zusammenstellungen der Ge-
stecke, Sträuße, Kränze . . . halten, sie sollen
vielmehr für Sie Anregung sein, sich selbst in
diesem Bereich zu entfalten und dabei werden
Sie bald feststellen, wie vielfältig die Möglichkei-
ten der Gestaltung mit getrocknetem Pflanzen-
material sein können.

DAS SAMMELN UND ERNTEN

Das Sammeln wildwachsender Pflanzen

Eine Vielzahl der Pflanzen und Pflanzenteile, die sich zum Trocknen eignen, bietet die Natur. Sie ist eine wahre Fundgrube, und wer sie mit offenen Augen bewußt erlebt, wird viel Wildwachsendes finden: an Wegen, Feld- und Waldrändern, an den Ufern von Bächen und Flüssen . . .

Bei solchen Sammelspaziergängen müssen aber auch ein paar grundsätzliche Regeln beachtet werden. Dazu gehört auch die Respektierung fremden Eigentums (Grundstücke, Gärten, ungemähte Futterwiesen . . .) und selbstverständlich das Beachten der Gesetze und Verordnungen, die der Erhaltung seltener Pflanzen und der Natur an sich dienen. Sie wurden in der sogenannten Roten Liste (einsehbar bei Naturschutzbehörden) zusammengefaßt. Ohnehin sollten Sie Ihren Sammeltrieb zügeln und Pflan-

zen an einem Fundort nicht nahezu ausrotten, sondern nur so viel sammeln, wie Sie weiterverarbeiten können.
Wichtig ist auch zu wissen, daß einige Pflanzen giftig sind, wie z. B. Fingerhut, und daß schon Säfte, wie z. B. vom Bärenklau, nicht ungefährliche Hautschäden auslösen können.
Wildwachsende Pflanzen sind in der Tabelle auf den Seiten 20 bis 31 mit W gekennzeichnet.

Ernten und die Vorbereitung zum Trocknen

Sammeln Sie die Pflanzen am besten dann, wenn es draußen sonnig und trocken ist. Feuchtigkeit wirkt sich negativ auf das Trockenergebnis aus: der Trockenprozeß verlängert sich, und darunter leidet die Farbkraft der Pflanzen.
Möglichst kurz nach der Ernte sollten die nötigen Vorbereitungen zum Trocknen bzw. Präparieren eingeleitet werden.
(Wollen Sie etwas über das Blumenpressen erfahren, können Sie dem Brunnen-Reihe-Bändchen Nr. 244 „Gepreßte Blumen in leuchtenden Farben" Anregungen entnehmen.)
Mit der Zeit werden Sie selbst feststellen, wann die einzelnen Pflanzen, Beeren, Früchte . . . am besten zum Trocknen geerntet werden. Zweckmäßig wäre, Sie führten Buch darüber, in welchem Stadium Sie die einzelnen Pflanzen zum Trocknen ernten.
Grundsätzlich kann man auch sagen, daß die beste Zeit zu ernten dann ist, wenn die Blumen kurz vor dem Höhepunkt der Blüte stehen (mit Ausnahme der Strohblume, lesen Sie dazu den nebenstehenden Text), denn eine kurze Weiterentwicklung der Pflanze auch nach dem Aufhängen zum Trocknen müssen Sie einkalkulieren.
Gräser sollten Sie vor der Blüte pflücken, Früchte erst dann ernten, wenn sie reif sind, Blätter am besten im Herbst, wenn sie sich in vielfältigen Farben anbieten – aber nicht erst, wenn sie schon durch und durch bunt sind.

Die Abbildung rechts zeigt Strohblumen (Helichrysum) kurz nach der Ernte vor dem Aufhängen zum Trocknen.
Die Blütenblätter der frischen Blumen fühlen sich bereits an wie Stroh, daher auch der Name.
Die derben Stengel jedoch sind verhältnismäßig saftig. Strohblumen, die Sie mit den langen Stengeln zum Trocknen aufhängen, blühen meist noch weiter auf und können sogar verblühen. Sie sollten daher mit kurzem Stiel geerntet werden, noch bevor sich die Blütenknospen ganz geöffnet haben. Die Blätter können Sie getrost von den Stengeln abstreifen.
Sehen Sie sich auch die Abbildung der Strohblumen auf Seite 11 an.

Einige wildwachsende Pflanzen neigen leicht dazu, schon kurz nach der Ernte in sich zusammenzufallen. Deshalb sollten Sie gleich, wenn Sie zu Hause angekommen sind, solch empfindliches Sammelgut noch einmal in frisches Wasser stellen, damit es sich erholen kann, bevor der Trockenprozeß eingeleitet wird.
Sammeln Sie am besten in einem Korb – nicht in der Plastiktüte!

DAS TROCKNEN

An der Luft, hängend

Die einfachste und sicher auch natürlichste Trockenmethode ist das Aufhängen der Pflanzen mit den Blütenköpfen nach unten.

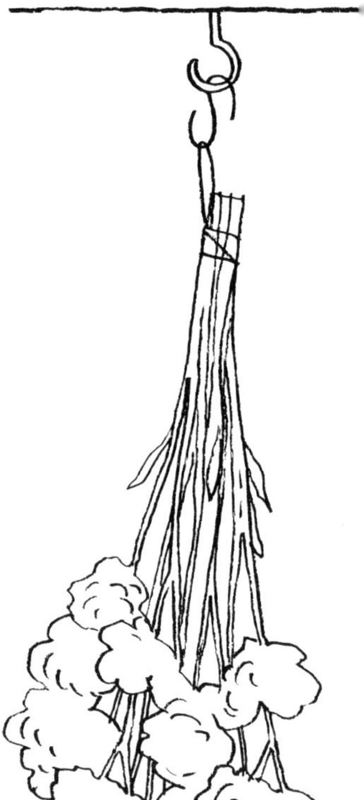

Blätter an den Stielen, die Sie später im Gesteck nicht haben wollen, können Sie schon vor dem Bündeln abstreifen. Lassen Sie die Blumenbündel an einem schattigen, möglichst dunklen und trockenen, aber luftigen Ort trocknen, z. B. auf dem Trockenboden oder auf dem Speicher. Es sollte jedoch nicht unbedingt die kalte Nordseite des Hauses sein. Wenn Sie ganz besonders großen Wert auf die Erhaltung der Farben legen, sollten Sie die Blumen im warmen Heizungskeller trocknen oder mit dem Heizlüfter nachhelfen. Das gilt besonders für Blumen wie Rittersporn, Königskerze, Strohblumen, Muschelblume, Rhodanthe, Rosen . . .

Die unkomplizierteren Pflanzen wie Gräser, Schafgarbe sowie die verschiedenen Statice-Sorten . . . können Sie sogar im luftigen, trockenen Treppenhaus aufhängen, aber auch in einer dunklen Zimmer- oder Flurecke.

Im Wohnbereich wirken die aufgehängten Sträuße zudem noch sehr dekorativ.

Manch einer bündelt die Pflanzen mit Gummibändern. Das geht zwar schnell und ist praktisch, denn durch das Schwinden der Feuchtigkeit in den Stielen beim Trockenprozeß bleibt die Bündelspannung erhalten. Das Gummiband hat jedoch den Nachteil, daß die Stiele an den Stellen, auf die es drückt, nicht gut genug durchtrocknen. Viel besser ist Schnur, die zwar ein- bis zweimal nachgespannt werden muß, aber ein gleichmäßiges Durchtrocknen der Stiele gewährleistet.

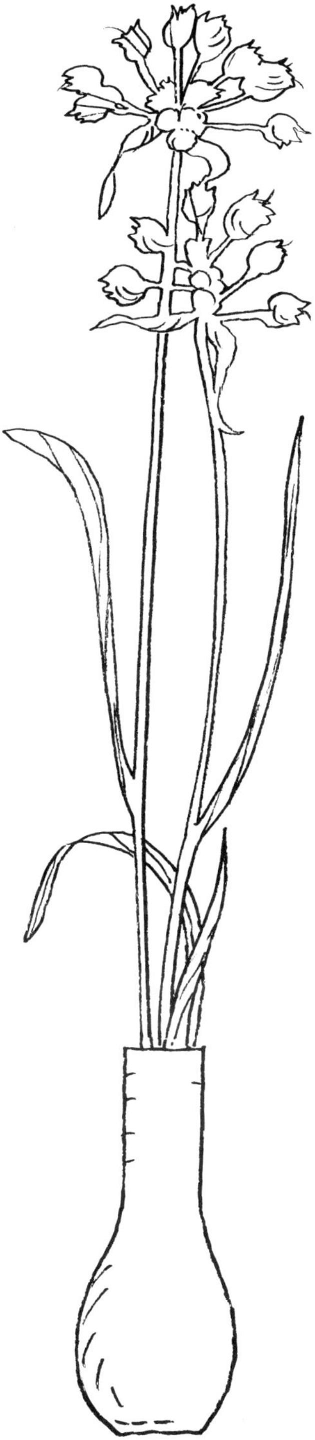

Die Bündel dürfen nicht zu dick ausfallen, sonst könnten die inneren Blumen die Form verlieren und sie trocknen schwerer. Es kann sich sogar Schimmel und Fäulnis bilden.
Die Sträuße dürfen natürlich auch nicht zu dicht zusammenhängen, etwas Luftzug muß sie umstreifen können, ohne daß dabei einzelne Pflanzenteile abbrechen.
Mit einem Stück in S-Form gebogenem Draht können Sie die gebündelten Sträuße auf eine gespannte Schnur oder einen gespannten Draht zum Trocknen aufhängen. Wer will, kann sich auch eine Konstruktion bauen, ähnlich wie auf Seite 10 abgebildet – aus Holzleisten und Schraubösen.

Trockendauer

Wie lange die Pflanzen brauchen, um richtig durchzutrocknen, ist von Sorte zu Sorte unterschiedlich. Kleine, zarte Pflanzen können schon nach einer Woche trocken sein, die groben, kräftigeren brauchen manchmal bis zu vier Wochen.
Wichtig ist, daß die Blumenbündel sich bereits nach ein paar Tagen trocken anfühlen. Zu stark austrocknen dürfen sie jedoch auch nicht, denn sprödes Trockenmaterial bricht bei der Verarbeitung und läßt sich zudem noch schlecht andrahten (s. Seite 34).
Die durchgetrockneten Pflanzenbündel lagern Sie dann am besten in trockenen Kartons. Es ist ganz gut, wenn Sie ein paar Luftlöcher hineinstechen.
In den Kartons kann dann das Trockengut auf die Weiterverarbeitung warten, ohne daß die Farben der Blüten merklich verblassen.

Trocknen an der Luft, stehend

Besonders Gräser, aber auch Pflanzen mit fein verzweigten, empfindlichen Blütenständen und Zweige mit Früchten, wie Roß- oder Eßkastanie, trocknen gut in einer Vase.
Bei dieser Trockenmethode erhalten Sie das typisch dekorative Herunterhängen einzelner Blätter. Lassen Sie die Pflanzen an einem schattigen Platz trocknen. In der Sonne können Sie jedoch auch trocknen, z. B. Früchte der Roß- oder Eßkastanie an Zweigen, Pampasgras und die verschiedenen Getreidesorten (die einzelnen Pflanzen sollten sich nicht berühren).

Trocknen in Lagen

Samenkapseln, Moose, Flechten und Blütenköpfe können Sie auch auf Zeitungspapier – nebeneinanderliegend ausgebreitet – in luftigen Holzsteigen trocknen.

*Zur Abbildung oben:
Hier hängen und liegen Rhodanthe, rosa und weiß, aprikosenfarbene und rosa Statice, Acroclinium, Meerlavendel.
Die getrockneten Blumenbündel lagern anschließend in trockenen Kartons bis zur weiteren Verarbeitung.*

*Zur Abbildung Seite 11:
Blumenbündel, die zum Trocknen an der Decke hängen, sind zudem noch eine dekorative Wohnraumgestaltung. Hier hängen: Jungfer im Grünen, Strohblumen, weiße Rhodanthe, Kugeldisteln, Statice.*

Trocknen mit flüssigkeitsentziehenden Mitteln

Sand

Die Trockenmethode mit Sand kommt wohl aus Indien. Mit Sand hat man besonders Rosen haltbar gemacht.
Zu dieser Trockentechnik eignet sich jedoch nur der besonders feinkörnige, weiße Muschelsand, den Sie im Zoofachhandel bekommen. Andere schwerere Sandsorten müßte man erst einmal gründlich reinigen.
Blumen, die Sie auf diese Weise trocknen wollen, sollten von außergewöhnlicher Schönheit – fast makellos – sein, äußerlich völlig trocken, also ohne Tau und Regenwasser, denn das fördert die Fäulnisbildung und hinterläßt häßliche Spuren auf Blättern und Blüten. Am besten, Sie machen den Trockentest, indem Sie die Blüte dünn mit Sand bestreuen. Rieselt er leicht wieder ab, hat sie die optimale Voraussetzung, im Sand weiterzutrocknen. Alternativ dazu können Sie die Blume auch vor dem Aufblühen ernten, zu Hause in einer Vase etwas aufblühen – aber nicht verblühen lassen. Während dieser Zeit verdunsten Feuchtigkeitsrückstände.

Kieselgel

Besonders wirkungsvoll ist das Trocknen mit Kieselgel, da es das Wasser am schnellsten entzieht. Kieselgel gibt es im Bastelhandel mit einer Kobaltsalzbeimischung, die die Feuchtigkeitsaufnahme durch eine Farbveränderung von blau bis rosa sichtbar macht. Kieselgel hat den Vorteil, daß man an der Verfärbung der Kristalle das Trockenstadium erkennt. Auch in Alaun oder Borax trocknet man Pflanzen, jedoch klumpen diese pulverigen Trockenmittel leicht und sind daher nicht ganz so wirkungsvoll im Einsatz.
Wer intensiver in das Präparieren von Blüten einsteigen will, sollte sich dann nach dem feinkörnigen Kieselgel erkundigen. Es ist zwar teurer,

ermöglicht aber auch ganz feine Blüten oder Blütenteile zu trocknen.

Sand-Kieselgel-Gemisch

Feine Kieselgelkörner im Sand beschleunigen auch den Trockenprozeß. Zu grobe Körner könnten jedoch leicht Schäden an Blüten oder Blättern hinterlassen, daher müssen sie erst herausgesiebt werden.

Um festzustellen, ob der Sand nicht nur fühlbar, sondern durch und durch trocken ist, können Sie feine Kieselgelkörner untermischen und das Sand-Kieselgel-Gemisch bei mittlerer Hitze im Backofen erwärmen. Verfärbt sich der Kieselgelzusatz rötlich, ist der Sand trocken und ideal zum Trocknen der Pflanzenteile.

Kieselgel und Sand können Sie immer wieder verwenden. Wenn sich im Laufe der Zeit Blatt- oder Blütenreste eingemischt haben, siebt man sie wieder heraus.

Das rötlich gefärbte Kieselgel muß nach Gebrauch bei mittlerer Hitze im Backofen so lange trocknen, bis es wieder den blauen Farbton annimmt, das dauert etwa zwei Stunden.

Und so wird es gemacht:

Bedecken Sie den Boden einer gut verschließbaren Metalldose oder den eines Metallklammer-Einweckglases mit einer dicken Schicht des Trockenmittels (Sand, Kieselgel oder dem Gemisch daraus). Stecken Sie die Blume mit einem auf etwa 2 cm Länge gekürzten Stiel in diese Schicht und bedecken sie vorsichtig mit einer weiteren Schicht des Trockenmittels so, daß sie nicht mehr zu sehen ist. Die Trockenzeit liegt zwischen zwei und sieben Tagen bei kleineren Blüten. Rosen, Dahlien und andere größere Blüten brauchen mindestens eine Woche.

Bei der Trockenmethode mit Kieselgel ist Zimmertemperatur ausreichend. Möchten Sie die Trockendauer verkürzen, so stellen Sie die Dose an einen warmen Ort.

Und so können Sie gleich mehrere Blüten zugleich trocknen

Bedecken Sie den Boden eines gut verschließbaren Gefäßes etwa 2 cm mit Sand, Kieselgel oder dem Gemisch daraus. Legen Sie einen feinmaschigen Draht darüber, und stecken Sie die Blüten mit ihren kurzen Stielen hinein. Sie dürfen sich nicht berühren. Lassen Sie dann das Trockenmittel fein über die Blüten rieseln. Wenn Sie dabei zart gegen die Seitenwand des Gefäßes klopfen, setzen sich die Hohlräume zu.
Wenn Sie in einem Behälter mehrere Blumen trocknen, so sollten sie von einer Sorte sein, denn je nach Größe und Feuchtigkeitsgehalt der Pflanzen ist auch die Trockendauer unterschiedlich. Beschriften Sie das Gefäß mit der Angabe des Inhalts und des Datums.
Die Blütenblätter, die auf diese Weise trocknen, müssen so in Form gelegt werden, wie sie später getrocknet aussehen sollen.
Sie können auch zwischendurch prüfen, ob der Trockenprozeß vollzogen ist. Fertig ist die Blüte, wenn nicht nur die äußeren Blütenblätter gut durchgetrocknet sind, sondern die Blüte sich durch und durch trocken anfühlt. Kurz nach dem Herausnehmen aus dem Trockenbett sollten Sie die Blüten andrahten (s. Seite 34), da der Blütenboden noch nicht durchgehärtet ist. Die auf diese Weise getrockneten Pflanzenteile sollten möglichst gleich zum Gesteck oder Strauß weiterverarbeitet werden. Feuchte Umgebung vertragen sie nur schlecht, und bei grellem Sonnenlicht verblassen ihre satten Farben.

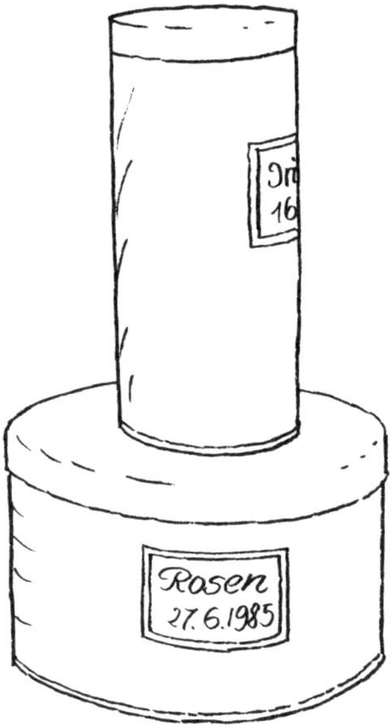

*Der Unterschied zwischen den Trockenmethoden im Hängen und dem Trocknen mit flüssigkeitsentziehenden Mitteln ist groß.
Während die Blütenköpfe beim Lufttrocknen schrumpfen, bewahrt man durch zartes Einrieseln der Blüte mit dem feuchtigkeitsentziehenden Pulver die Originalform und kann sie zudem noch durch die Pulvermenge beeinflussen.*

Zum Trocknen in Sand, Kieselgel oder einer Mischung daraus eignen sich ganz besonders die gefüllten Blumen wie:
Rosen, Zinnien, Rittersspornblüten, Hortensien (möglichst grüne oder gelbe), Dahlien, Sommerastern, Veilchen, Osterglocken, Petunien, Begonien, Iris, Skabiose, Glockenblumen und zarte frische Blätter.

Auf der Abbildung oben sehen Sie Rosen in wasserentziehendem Mittel, getrocknet im Heizungskeller nach drei Tagen. Restbestände des Mittels lassen sich ganz leicht mit einem feinen Pinsel entfernen.

Konservieren mit Glyzerin

Eine andere Art des Konservierens, die eigentlich weniger etwas mit dem Trocknen zu tun hat, ist die Glyzerin-Methode. Sie ist für die gröberen Blattarten geeignet, wie Magnolien, Rhododendron, Buchsbaum, Blutbuche, Stechpalme, für Zweige mit saftigen Beeren, für Roß- und Eßkastanien, will man sie am Zweig erhalten.
Glyzerin verdunstet langsamer als Wasser, der Zellsaft wird auf diese Weise ersetzt und das verhindert ein schnelles Vertrocknen.
Für die Glyzerin-Methode müssen die Blätter an den Stielen frisch und gut ausgewachsen sein. Ernten Sie sie am besten im späten Sommer oder frühen Herbst. Wenn Sie die reizvollen Herbstfarben auf diese Weise festhalten wollen, schneiden Sie die Zweige jedoch unbedingt vor dem völligen Verfärben ab, denn endgültig verfärbte Blätter nehmen Glyzerin nicht mehr an.

Und so wird es gemacht:

Vermischen Sie ein Teil einfaches Glyzerin mit zwei Teilen kochendem Wasser. Stellen Sie die Zweigenden 10 bis 15 cm tief in ein schmales Gefäß, gefüllt mit der warmen Lösung. Holzige Zweige sollten Sie vorher flachklopfen oder einkerben, damit sie die Lösung gut aufnehmen können.
Der Standort soll hell sein.
Wenn nach 1 bis 2 Wochen aus den Blättern kleine Glyzerintröpfchen austreten, hat der Zweig ausreichend absorbiert. Überschüssiges Glyzerin sollten Sie dann mit etwas Küchenkrepp abwischen. Die Blätter werden bei dieser Art des Präparierens etwas dunkler, nehmen sogar lederbraune Farbe an, bleiben aber geschmeidig.

Moose und Flechten

Das Trocknen von Moosen und Flechten ist nicht ganz einfach. Die meisten Sorten fallen schon nach kurzer Zeit auseinander. Jedoch

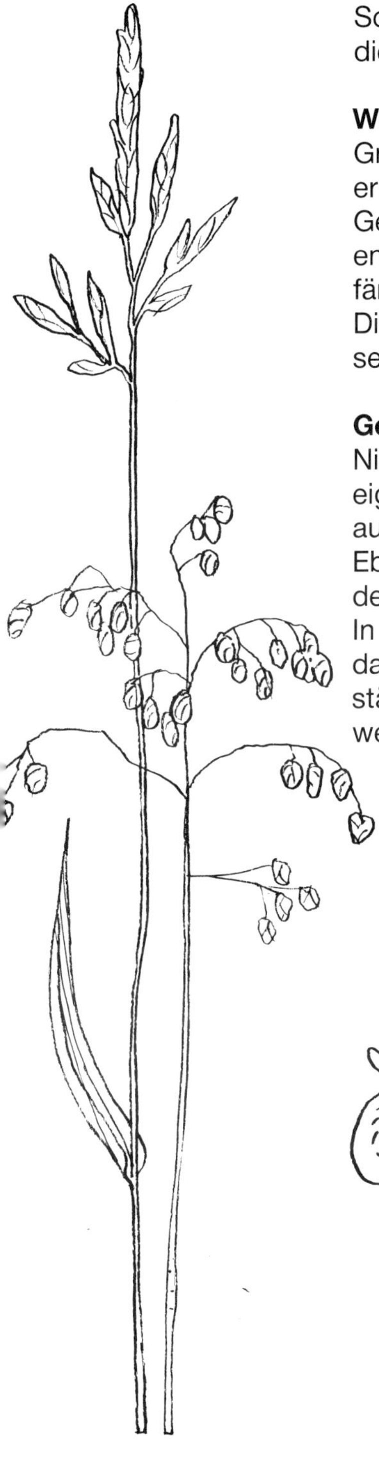

Sorten wie Islandmoos haben sich bewährt für die Verarbeitung zu Trockenkränzen.

Wildwachsende Gräser und Getreidesorten
Gräser werden entweder kurz vor der Blüte geerntet oder dann, wenn die Halme reif sind.
Gerste, Hafer, Roggen und Weizen können Sie entweder grün ernten oder dann, wenn die Verfärbung von Grün nach Gelb beginnt.
Die Körner dürfen jedoch noch nicht ausgereift sein, sonst fallen sie aus.

Getrocknete Blüten- und Fruchtstände
Nicht nur Blütenstände sind zum Trocknen geeignet, sondern auch die Fruchtstände, die sich aus den Blütenständen bilden.
Ebenso geeignet sind die Doldengewächse und deren Fruchtstände (z. B. Dill, Bärenklau . . .).
In der Pflanzenaufstellung finden Sie Angaben darüber, bei welchen Pflanzen Sie die Fruchtstände zum Trocknen und Weiterverarbeiten verwenden können.

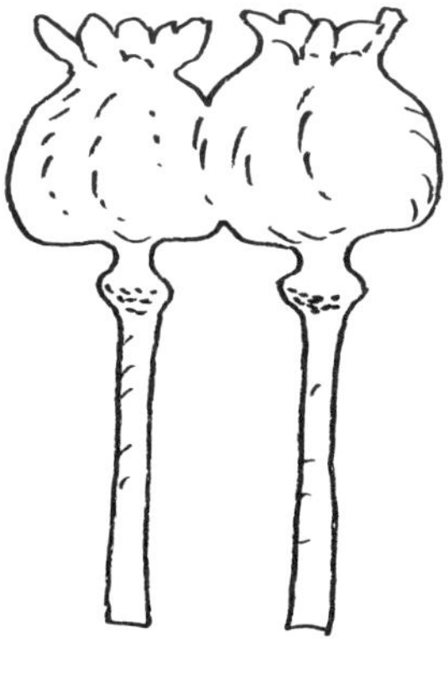

DIE PFLANZENLISTE

Die wichtigsten Blumen, Fruchtstände und Gräser, die sich zum Trocknen eignen – aus dem Garten und aus der Natur von A – Z

Mit dieser Aufstellung wurden hauptsächlich die heimischen Pflanzen zusammengefaßt, solche, die Sie selbst in der Natur suchen können und andere, die geeignet sind, im eigenen Garten angebaut zu werden. Lassen Sie sich aber auch im Fachhandel (Blumenläden oder Bastelhandel) beraten. Dort hat man sich neben den gängigen getrockneten Pflanzen auch auf ein breites Angebot ausländischer Pflanzen spezialisiert. Diese werden teilweise in den vielfältigsten Farben angeboten. Die meisten dieser getrockneten Pflanzen kommen aus den Niederlanden.

In der Abbildung oben sehen Sie Katzenschwanz rot und grün, Charthamus-Distel, Acroclinium, Papierknöpfchen.

Auf der Abbildung Seite 19 sehen Sie einjähriger, blauer Rittersporn.

Natürlich könnte ich Ihnen jetzt mehrere Tabellen zur Hand geben, Überblick über einjährige Pflanzen (die nur einmalig blühen), zwei- und mehrjährige (Pflanzen, die Sie erst im Jahr nach der Aussaat ernten können) oder die ausdauernden winterharten, immer wiederkehrenden Stauden, erweiternd dazu Tabellen über Farne, Moose, Beerenfrüchte, Gräser . . .
Hier und dort jedoch gäbe es Schwierigkeiten in der Einordnung durch Überschneidungen und das würde Sie eher verwirren, wenn Sie nicht gerade Botaniker sind.
Eine alphabetische Einordnung schien mir am übersichtlichsten. Die botanischen Namen habe ich vorangestellt, da die deutsche Bezeichnung der Pflanzen oft regional abweicht. Hinzu kommt, daß die botanischen Namen überregional und international sind und helfen, wenn Sie einmal in anderen Ländern (wie z.B. Holland, Frankreich, Schweiz, Österreich . . .) Ausschau halten nach Blumensamen und Pflanzen. Auf Seite 44 können Sie jedoch Rückschlüsse von den gängigen volkstümlichen deutschen Namen auf die botanischen ziehen.
Da auch die Fundorte und Blüte- sowie Erntezeiten regional unterschiedlich sind, empfehle ich Ihnen, einen möglichst bebilderten Pflanzenführer für Ihr neues Hobby anzuschaffen. Denn es würde ausufern, hier alle Pflanzen abzubilden und ausführlich zu behandeln.
Die Kennzeichnung mit W bedeutet: Die Pflanzen finden Sie auch wildwachsend in der Natur.
Die Kennzeichnung mit G bedeutet: Sie können im Garten oder auch auf dem Balkon kultiviert werden.

W+G **Achillea (Schafgarbe, gelb)**
Ernten Sie von Juli bis September die Blütenstände und streifen zum Trocknen die Blätter ab. Hängen Sie jeweils 10 bis 15 Pflanzen gebündelt zum Trocknen auf.

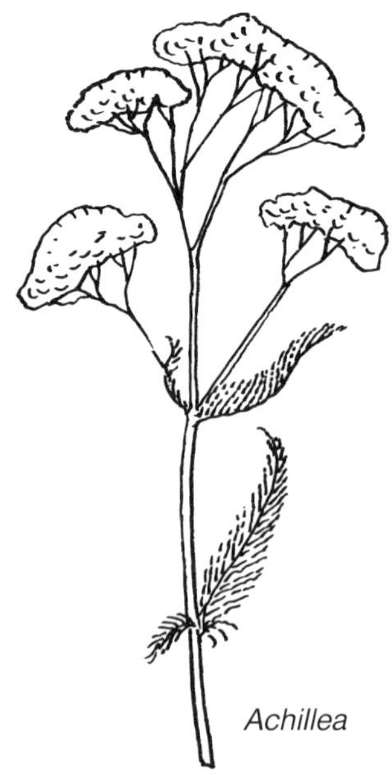
Achillea

Ammobium alatum

Delphinium
(Text Seite 24)

W+G **Agrostis (Straußgras)**
Ernten Sie kurz vor dem Ausreifen der Ähren.

G **Alchemilla (Frauenmantel, gelb)**
Ernten Sie bei voller Blüte, dann bleibt der hellgrüne Farbton erhalten.

W+G **Allium (Lauch)**
Ernten Sie den violetten Lauchball oder nach der Blüte den Fruchtstand.

G **Amaranthus (Fuchsschwanz oder Katzenschwanz, rot und grün)**
Ernten Sie bei voller Blüte. Entfernen Sie vor dem Trocknen die Blätter.

G **Ammobium alatum (Papierknöpfchen)**
Ernten Sie die Knospen, da beim Aufblühen die gelblichbraune Mitte zum Vorschein kommt.

G **Anaphalis margaritacea (Perlpfötchen oder Silberimmortelle, weiß und gelb)**
Ernten Sie diese Pflanze nach der Blüte. Streifen Sie vor dem Trocknen die Blätter ab.

W+G **Armeria (Grasnelke)**
Ernten Sie bei voller Blüte.

W+G **Artemisia (Beifuß, gelb, braun und rot)**
Ernten Sie vor der Blüte nach dem Fruchtansatz.

G **Astilbe (Prachtspiere, weiß, creme, rot, rosa, rotviolett)**
In voller Blüte schneiden.

W **Avena (Hafer)**
Ernten Sie, bevor er gelb wird, die Körner dürfen noch nicht reif sein.

Oben sehen Sie Jungfer im Grünen zur Erntezeit.

W+G **Briza maxima und Briza minima (grobes und feines Zittergras)**
Ernten Sie kurz vor der Blüte.

G **Buxus sempervirens (Buchsbaum)**
Ernten Sie rund ums Jahr. Er läßt sich besonders gut mit Glyzerin präparieren.

Die Abbildung auf Seite 23 zeigt Meerlavendel.

W+G **Campanula (Glockenblume)**
Die Blüten werden geerntet. Sie lassen sich am besten in Kieselgel oder Sand präparieren.

G **Carthamus (Carthamus-Distel)**
Ernten Sie, wenn sie aufgeblüht ist (der gelbe Blütenansatz wird abgezwickt) oder ernten Sie die grünen Knospen vor der Blüte.

G **Centaurea (Flockenblume)**
Ernten Sie im Herbst die Fruchtstände, nachdem die Samen ausgeflogen sind.

W+G **Cortaderia selloana (Pampasgras)**
Ernten Sie die federartigen Rispen, und lassen Sie sie stehend in der Vase trocknen.

W+G **Cyperus (Zypergras)**
Ernten Sie kurz vor der Blüte.

G **Delphinium (Rittersporn, weiß, rosa, blau, himmelblau, violett)**
Ernten Sie bei voller Blüte. Die Blüten können Sie einzeln in Kieselgel, Sand oder einem Gemisch daraus präparieren oder die Pflanze hängend trocknen.

W **Digitalis purpurea (Roter Fingerhut)**
Ernten Sie die Fruchtstände nach der Blüte, wenn sich die Samenkapseln ausgebildet haben. Die Pflanze ist giftig!

W **Dipsacus (Karde)**
Ernten Sie, wenn die Pflanze ausgereift ist und braun wird.

W+G **Echinops (Kugeldistel)**
Ernten Sie kurz vor dem Aufblühen die kugelige, dunkelviolette Knospe.

Campanula

Digitalis

G **Eryngium (Edeldistel oder auch Mannstreu)**
Ernten Sie nach voller Farbentwicklung der Hochblätter.

G **Gypsophila (Schleierkraut)**
Ernten Sie bei offener Blüte.

G **Helichrysum (Strohblume, weiß, rosa, rot, bordeaux, braun, creme)**
Ernten Sie, wenn einerseits die Mittelknospe noch geschlossen und andererseits der äußere Blütenkranz voll entwikkelt ist.

G **Helipterum manglesii (Rhodanthe, rosa bis purpur)**
Ernten Sie die Blüten, bevor sie sich öffnen. Zu spät geerntet werden sie braun. Besonders geeignet auch in der Knospe getrocknet zu werden.

G **Helipterum manglesii maculata (Sonnenflügel, Rhodanthe, rosa und weiß)**
Ernten Sie in voller Blüte mit den kleinen Knospen.

G **Helipterum roseum (Acroclinium roseum, rosa und weiß)**
Ernten Sie in voller Blüte.

W **Heracleum (Herkuleskraut oder Bärenklau)**
Ernten Sie im Frühherbst die Blütenstände, bevor die Samen abfallen oder auch im Spätherbst nur die Samenstände.
Das Herkuleskraut ist nicht ungefährlich. Es enthält Stoffe, auf die die Haut überempfindlich reagiert, insbesondere bei zusätzlichem Sonnenstrahleneinfluß, der sehr starke Hautschäden auslösen kann.

Oben sehen Sie die einzige Kugeldistelart, die sich trocknen läßt.

Papierknöpfchen sind auf der Abbildung rechts zu sehen.

Bärenklau sollten Sie besser nicht im Garten kultivieren!

W **Hordeum (Mähnengerste, grün)**
Ernten Sie, bevor sie gelb wird. Die Körner dürfen noch nicht reif sein.

G **Hydrangea (Hortensie)**
Ernten Sie die voll entwickelte Blüte, jedoch vor den Nachtfrösten.

W+G **Lagurus (Hasenschwanz)**
Ernten Sie in voller Blüte.

G **Limonium suworowii (Meerlavendel)**
Ernten Sie die langen rosaroten Blüten, wenn sie fast erblüht sind. Sie dürfen nicht zu dick gebündelt werden.

G **Limonium sinuatum (Statice, blau, rosa, aprikosenfarben, weiß)**
Ernten Sie, wenn die Blütenblätter voll entwickelt und kräftig gefärbt sind.

G **Limonium bonduellii (Statice, gelb)**
Ernten Sie, wenn die Blütenblätter voll entwickelt und kräftig gefärbt sind.

G **Limonium tataricum (Statice, weißbläulich)**
Ernten Sie die buschige Pflanze bei voll ausgereifter Blüte. Sie ist besonders geeignet als Grund oder Füllmaterial für Sträuße und Gestecke.

G **Lonas (Immortelle, goldgelb)**
Ernten Sie bei voller Blüte.

G **Moluccella (Muschelblume)**
Ernten Sie, wenn sich die muschelartigen Blüten ausgebildet haben. Sie sollten schnell trocknen mit zusätzlicher Wärme

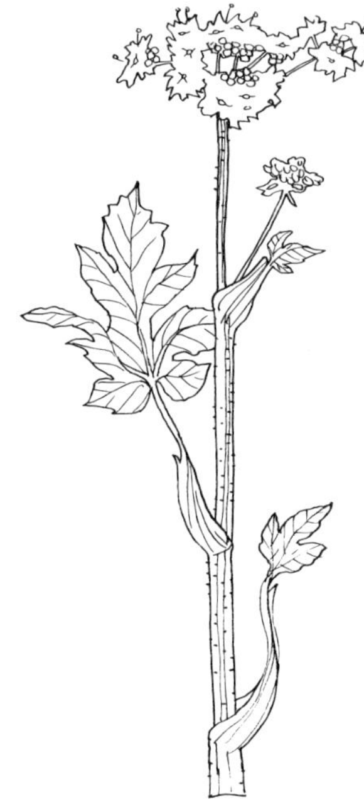

Heracleum
(Text Seite 25)

Hydrangea

aus dem Backofen oder am besten mit dem Heizlüfter, denn dann bleibt das leuchtende Grün erhalten.

Physalis

G **Nigella (Jungfer im Grünen, weiß, hellblau, dunkelblau und rosa)**
Ernten Sie die grünen Kapseln, die sich etwa 3 bis 4 Wochen nach der Blüte bilden, oder die Pflanze bei voller Blüte.

W **Papaver (Mohn)**
Ernten Sie die Kapseln, wenn sie vollkommen ausgetrocknet sind und Sie beim Schütteln die einzelnen Körner rasseln hören können. Zu früh geerntete Kapseln schrumpfen beim Trocknen.
Mohnkapseln können Sie je nach Geschmack auch mit Silber- oder Goldspray färben, das belebt z. B. auch Adventsgestecke oder weihnachtliche Gestecke.

Scabiosa
(Text Seite 30)

G **Pennisetum (Federborstengras)**
Ernten Sie die Ähren mit den dichten Grannen vor der Reife.

W+G **Phalaris (Schilfgras, grün)**
Ernten Sie kurz vor der Reife.

G **Physalis (Lampionblume)**
Ernten Sie, wenn genügend „Lampions“ ausgebildet sind. Streifen Sie die Blätter ab, und hängen Sie die Pflanzen am besten in nicht zu dicken Bündeln zum Trocknen.

G **Rosa (Rose und Hagebutte)**
Die scharlachroten Hagebutten eignen sich getrocknet wie auch frisch für herbstliche Gestecke. Sie lassen sich am besten mit der Glyzerinmethode trocknen (s. auch Seite 16).

Zum Trocknen der blühenden Pflanze bringen die rosa, roten, gelben und orangefarbigen Rosen das beste Trockenergebnis. Trocknen Sie Rosen kurz vor dem Verblühen.

G **Scabiosa (Skabiose)**
Ernten Sie die graugrünen Blütenstände nach dem Verblühen der Blütenblätter, oder trocknen Sie die Blumen in Kieselgel.

W **Secale (Roggen)**
Ernten Sie, bevor das Getreide gelb wird; die Körner dürfen noch nicht reif sein.

W **Setaria (Borstenhirse)**
Ernten Sie die volle, grüne Blüte.

W+G **Solidago (Goldrute)**
Ernten Sie nach dem Höhepunkt der Blüte, wenn die Blütenköpfe fest sind.

W **Triticum (Weizen)**
Ernten Sie, bevor das Getreide gelb wird; die Körner dürfen noch nicht reif sein.

G **Verbascum (Königskerze)**
Ernten Sie die Fruchtstände, bevor die Samen aus den Kapseln gefallen sind. Sie können auch die silbrig-weißen Blätter der Verbascum bombyciferum trocknen.

G **Xeranthemum (Papierblume)**
Zum Trocknen eignen sich die gefüllten Sorten am besten. Sie müssen gleich nach dem Aufblühen geerntet werden, da sich die zu spät geschnittenen Blüten meist bräunlich färben. Allein schon ein Bund dieser Blumen in eine schlichte

Verbascum

Zur Abbildung:
Die Kapseln der Mohnblume sind besonders dekorativ für rustikale Gestecke, aber auch für Advents- und Weihnachtsgestecke. Wer will, kann sie auch mit Gold- oder Silberspray färben.

Vase gestellt ist Dekoration von lang anhaltender Schönheit.

W **Zea mays (Mais)**
Ernten Sie die Kolben mit den Blütenhüllen, und lassen Sie sie trocknen.

G **Zinnia (Zinnie)**
Die Blume läßt sich eigentlich nur gut in Kieselgel, Sand oder dem Gemisch daraus trocknen.

DAS ARRANGIEREN

Arbeitsraum
Er sollte trocken sein und am besten ein paar Regale aufweisen, in denen Sie getrocknetes Blumenmaterial lose oder in Kartons lagern können. Ein paar dekorative Körbe zum Sammeln von Blütenköpfen und anderen Pflanzenresten sollten nicht fehlen.
Praktisch ist natürlich auch ein PVC-, Holz- oder Steinfußboden, denn Teppichboden müßten Sie immer wieder saugen.

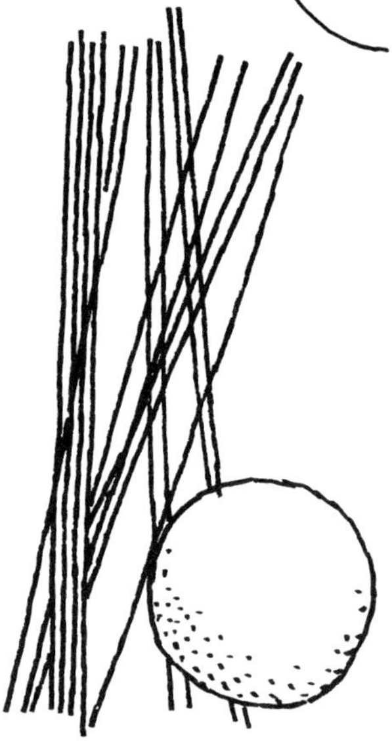

Werkzeug – Grundausstattung
Messer – das kann ein Küchenmesser sein;
Schere;
Drahtschere;
Kartons oder Körbe zum Sammeln der wiederzuverwertenden Blüten- oder Blatt-Abfälle (je nach Bedarf auch mehrere Kartons und Körbe);
Draht in verschiedenen Stärken:
Wickeldraht, Myrthendraht und Steckdraht zum Binden von kleinen Sträußen, Kränzen, zum Befestigen der Steckmasse, zum Verlängern oder Verstärken der Stiele, zum Andrahten der getrockneten Blüten als Stielersatz;

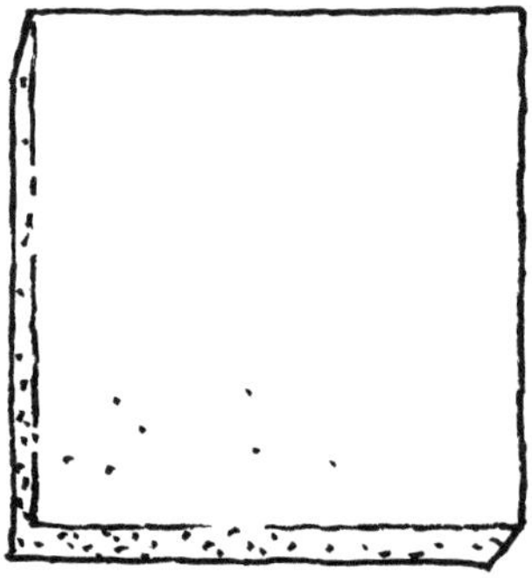

Hartschaummasse in Form von Kugeln, Kränzen, Pyramiden, Blöcken . . . zum Stecken;
Kannen, Vasen, Krüge und alles Mögliche an Gefäßen, die gar nicht unbedingt dicht sein müssen;
Bast zum Binden von Sträußen;
Schleifen, Bänder, Kerzen – je nach Bedarf.

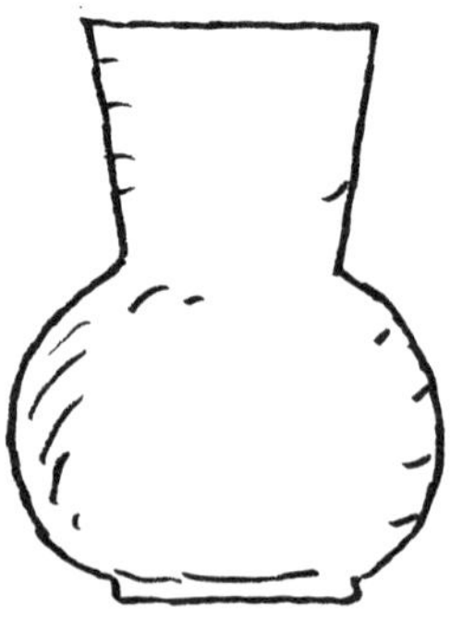

Form und Farbe von Gestecken oder Sträußen
Wählen Sie ein Gefäß, das im Stil zu Ihrem Mobiliar paßt. Stellen Sie es zur Probe einfach einmal an den Platz, den es später haben soll und schätzen Sie dann die Höhe und Breite des Trockenblumen-Inhaltes ab. Was die Farben betrifft, so können Sie Ton in Ton arbeiten oder farbliche

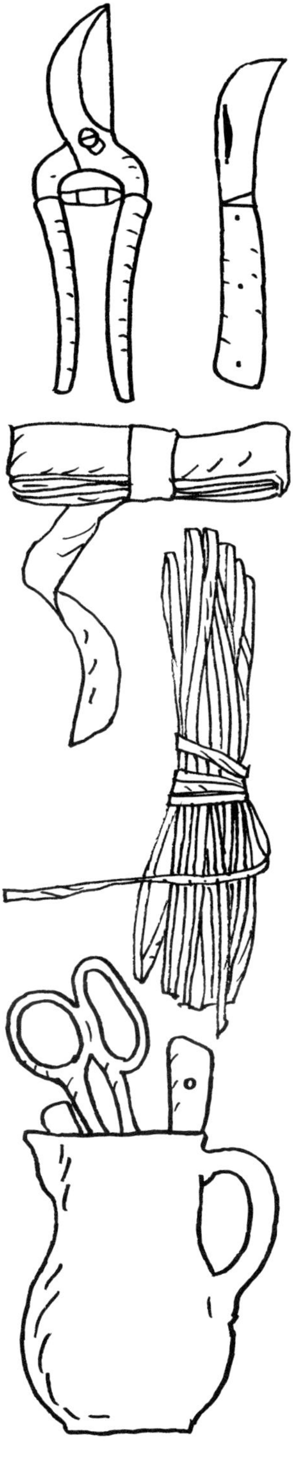

Schwerpunkte setzen und somit dem Strauß eine farbliche Richtung geben.

Zu bunt muß ein Trockenblumenstrauß nicht werden, denn mit einem frischen Gesteck soll er schließlich nicht konkurrieren müssen.

Ein rustikales Gefäß verlangt nach Pflanzen wie z.B. Bärenklau, Hortensie, Hasenschwanz, Jungfer im Grünen, Mohnkapsel, Lampionblume, Roggen, Gerste, Mais, Weizen, grobes Zittergras, Kugeldistel, Goldrute, Borstenhirse, Carthamus-Distel ... (s. auch Abbildung auf Seite 42); während in edleres Gefäß aus Porzellan oder Steingut (Glas entfällt, da man die Steckmasse oder Stiele sehen würde) auch mit feinerem Blumenmaterial dekoriert werden sollte, so z.B. Rhodanthe, Teile der Hortensie, mit Statice-Arten, Rose, Acroclinium, Schleierkraut, Zinnie, Rittersporn, Jungfer im Grünen, Strohblume, Goldrute, Papierblume, Papierknöpfchen, Immortelle, Briza minima und maxima ...

Für hohe Gefäße eignen sich die besonders großblütigen Pflanzen wie Rittersporn, Kugeldistel ..., aber auch kurzstieligere, die mit künstlichen Stielen aus Draht verlängert werden. Niedrigere Gefäße sollten Sie mit kleinblütigen, zarten Pflanzen gestalten.

Sortieren Sie einfach einmal die ausgewählten getrockneten Pflanzen, legen Sie sie nebeneinander auf den Tisch, und beurteilen Sie so die Wirkung der einzelnen Farben aufeinander.

Mit Weiß können Sie dunkle, tote Farbwerte beleben. Vorsicht jedoch mit den künstlich gefärbten Pflanzen, sie sollten immer nur dosiert verwendet werden, damit das Gesteck oder der Strauß seine Natürlichkeit bewahrt.

Bei der Zusammenstellung der getrockneten Pflanzen für ein Gesteck mischt man möglichst viele Blütenarten und Blütenformen, so z.B. längliche mit runden, schmalen, breiter auslaufenden und spickt mit herausragendem Pflanzenmaterial, z.B. Gräsern, Schilfen ...

Künstliche Stiele aus Draht

Die Stiele einiger Pflanzen sind so zerbrechlich, daß sie kaum das Binden zu Sträußen oder das Stecken in die Hartschaummasse (s. Seite 37) überstehen würden. In solchen Fällen beugt man mit Draht vor und schafft sich künstliche Stiele. Da gibt es verschiedene Möglichkeiten: Mehrere Blüten mit kurzen Stielen werden gebündelt und mit Draht umschlungen; das Endstück des Drahtes wird zu einem stabilen Stiel (s. Abb.).

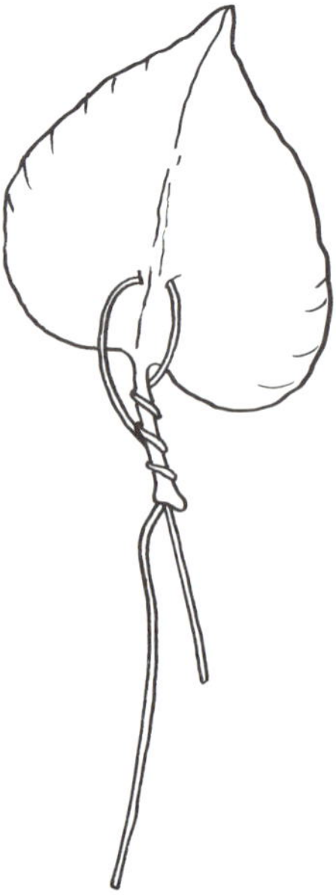

Auf diese Weise können Sie auch Blätter bündeln oder sie auch einzeln andrahten (s. Abb.). Die Stiele der Strohblumen brechen sehr leicht, übrig bleibt oft nur noch der Blütenkopf, den Sie

jedoch nicht wegwerfen müssen. Mit einem künstlichen Stiel aus Draht ist er wieder brauchbar (s. Abb. Seite 34).
Die Drahtstärke richtet sich nach Größe und Gewicht der Pflanzen und Pflanzenteile. Stärkere Drahtstiele können Sie auch mit einem speziellen Blumenband umwickeln. Das bekommen Sie in Braun und Grün in Gärtnereien (s. auch Seite 40, Andrahten von Kerzen).

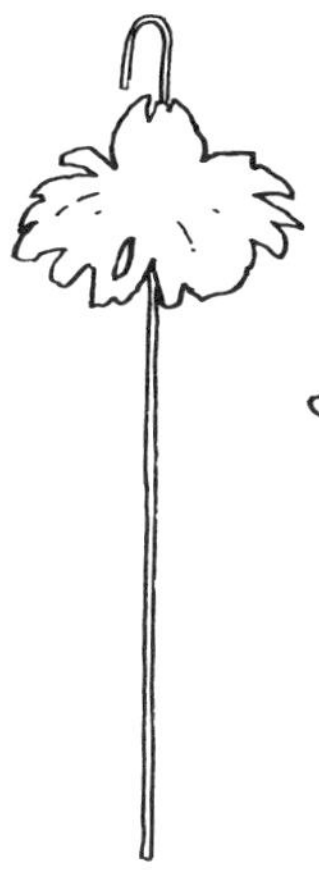

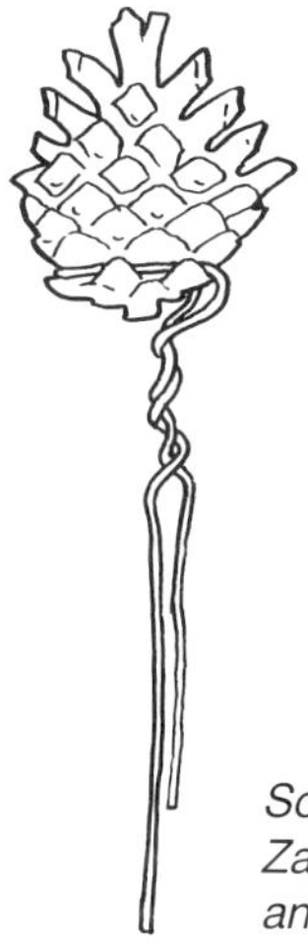

So können Sie Zapfen andrahten.

Trockenblumen zu Sträußen binden

Ganz besonders beliebt zum Verschenken – aber auch als Dekoration zu Hause – sind die sogenannten kleinen Biedermeiersträuße, die aus getrockneten Blumen in zarten Tönen zusammengestellt werden.
Der einfachste Weg Sträuße zu binden, ist das Bündeln einzelner, bereits vorgefertigter Pflanzenbüschel (s. Abb. Seite 34 und 38).
Bevor Sie aber zusammenbinden, breiten Sie das getrocknete Blumenmaterial Ihrer Wahl auf dem Arbeitstisch aus. Ausgangspunkt ist die Mitte des Straußes. Beginnen Sie mit einem besonders dekorativen Blumenbusch, mit dem, der möglicherweise den Farbschwerpunkt bilden soll und damit zum Mittelpunkt wird.
Ordnen Sie anschließend die nächsten Bündel Stück für Stück etwas tiefer um den Mittelpunkt an (am besten, Sie drehen dabei den Strauß), so daß eine gleichmäßige Halbkugel entsteht. Die Stiele werden parallel gelegt und dürfen sich nicht überkreuzen.
Abschließend wird der Strauß mit Bast zusammengebunden. Schneiden Sie dann die Stiele auf gleichmäßige Länge – angepaßt auf die Höhe des Gefäßes. Je nach Geschmack können Sie die Stiele auch mit einer dekorativen Manschette aus Stoff oder Papier verkleiden.
Ein anderer Weg ist das Binden eines Grundstraußes aus Buchs oder Statice, in den anschließend angedrahtete Einzelblüten oder Blütenbüschel eingezogen werden.

Hier ein paar Vorschläge zur Zusammenstellung von Trockenblumen-Sträußen oder Gestecken, s. dazu auch Seite 38. Natürlich müssen Sie sich nicht daran halten – vielmehr sollen Sie diese Vorschläge als Anregung zur Gestaltung verstehen; Zusammenstellungen, die immer wieder besonderen Anklang gefunden haben:

In Rosa-Tönen
Rhodanthe, rosa
Acroclinium, rosa
Statice, rosa
Meerlavendel, rosa
Rittersporn, rosa
Zinnie, pastell-rosa
Rose, rosa

In Rot-Grün-Violett-Tönen
Rose, rot und violett
Meerlavendel, violett
Strohblumen, bordeaux
Fuchsschwanz, rot
Frauenmantel
Carthamus-Distel
Rittersporn, violett
Prachtspiere

In Weiß-Grün-Tönen
Acroclinium, weiß
Rhodanthe, weiß
Statice, weiß
Strohblume, weiß
Rittersporn, weiß
Papierknöpfchen
grüne Gräser
Frauenmantel
Carthamus-Distel, grün
Hortensie, grün
Jungfer im Grünen (die Knospen nach der Blüte)
Muschelblume

In Blau-Weiß-Tönen
Rittersporn, blau und weiß
Rhodanthe, weiß
Acroclinium, weiß
Rose, weiß
Kugeldistel
Strohblume, weiß
Papierblume
Jungfer im Grünen, blau
Perlpfötchen oder Silberimmortelle
Papierknöpfchen
Skabiose, blau

In Gelb-Braun-Tönen
Statice, gelb
kleine Hortensien, grün
verschiedene Ziergräser
Strohblume, goldgelb
Carthamus-Distel
Rose, gelb
Prachtspiere
Schafgarbe
Perlpfötchen oder Silberimmortelle, gelb
Goldrute, getrocknetes Herbstlaub

Das erste Gesteck

Besonders reizvoll sind Gestecke aus natürlich getrocknetem, unbearbeitetem, d.h. nicht chemisch vorbehandeltem Pflanzenmaterial.

Zunächst sollten Sie über die Größe und Form im klaren sein, oft sind Sie schon durch das Gefäß Ihrer Wahl – die Vase oder den Korb . . . festgelegt.

Überlegen Sie weiter, ob es ein feineres oder ein eher rustikales Gesteck werden soll.

Um Blumen zu stecken, sei es zur Tisch- oder Wandgestaltung, brauchen Sie eine spezielle Steckmasse, die der Fachhandel in Braun und Grün anbietet, zudem noch in den verschiedensten Formen: als Rechteck, Kugel oder Reif.

Mit einem scharfen Messer kann sie beliebig zugeschnitten werden.

Drücken Sie die Steckmasse ganz fest in das Gefäß, s. dazu auch die Abbildung auf Seite 38, oben; sie sollte 4 bis 5 cm über den Rand ragen.

Wenn Sie Blumen in Körbchen stecken wollen, ist es für die Standfestigkeit ratsam, den Boden mit Kieselsteinen zu füllen.

Obwohl die Steckmasse porös ist, müssen empfindliche, zerbrechliche Pflanzenstiele mit Draht stabilisiert werden. Eine Arbeitserleichterung ist es, wenn Sie schon gleich mehrere Blumenbündel vorbereiten.

Wenn Sie davon ausgehen, ein Gesteck zu gestalten, das von allen Seiten zu betrachten ist, so verteilen Sie zunächst gleichmäßig rundum Buchs, Limonium tataricum (die weiß-bläuliche Statice), Moose oder anderes Füllmaterial. Setzen Sie anschließend – möglichst in gleichmäßigem Rhythmus – farbliche Schwerpunkte, und füllen Sie weitere Lücken mit anderem buschigen Füllmaterial.

Da eine runde Form entstehen soll, werden die Pflanzen an den Seiten von unten gesteckt, man könnte fast sagen: pilzartig.

Drehen Sie Ihr Gesteck, und prüfen Sie es mit Abstand von allen Seiten.

Zu den Abbildungen links:
Hier entsteht ein Gesteck in Rosa- und Weißtönen aus Statice, Rhodanthe, Acroclinium, rosa Strohblumen, rosafarbenen und weißen Rosen, rosa Rittersporn.

Zur Abbildung rechts:
Ein Gesteck in pastellen Tönen in einem altertümlichen Steingefäß. Hier sehen Sie, wie vielfältig die Zusammenstellung von Strohblumen in einem Gesteck ausfallen kann, ohne aufdringlich bunt zu wirken. Dieses, aber auch viele andere großformatige, dekorative Gestecke aus Trockenblumen, erarbeitet der Blumenkünstler für Hotelhallen. Dieses Gesteck steht im Hotel Huis ter Duin in Noordwijk an Zee, Holland.

Duftige Kränze aus getrocknetem Material zu allen Gelegenheiten

Ganz besonders dekorativ sind Kränze, sei es zur Weihnachtszeit, als Tischschmuck, zu festlichen Anlässen, zur Türdekoration, zum Erntedank . . .

Hier ein paar Vorschläge zur Zusammenstellung von getrocknetem Pflanzenmaterial, das sich besonders für die Kranzgestaltung bewährt hat:

Rustikale Kränze:

aus Getreide, Mohnkapseln, Kugeldisteln, Zapfen, Schafgarbe, Statice (weiß) . . .

Zarte Kränze:

aus Strohblumen, Rosen, Jungfer im Grünen, kleine Disteln, alle Sorten Statice, Blüten vom Rittersporn (s. auch dazu die Abb. auf Seite 42).

Weihnachtliche Kränze:

mit grünem Grund aus nordischer Blautanne (sie trocknet, ohne zu nadeln!), Buchs oder Ruskus, Islandmoos, Rosen (weiß), Strohblumen, Mohnkapseln – je nach Geschmack silber oder gold gefärbt . . .

Die Kranzunterlage können Sie selbst anfertigen – aus einem Drahtring oder Metallreif im Durchmesser je nach Bedarf, den Sie je nachdem, wie stark die Unterlage werden soll, mit Holzwolle, Stroh oder Heu verkleiden. Der Fachhandel bietet jedoch auch Kranzrohlinge aus Styropor® oder Hartschaummasse an.

Kränze können Sie stecken oder auch binden. Am besten, Sie bereiten schon einzelne Bündel von Getreide, Schleierkraut, Statice . . . vor und

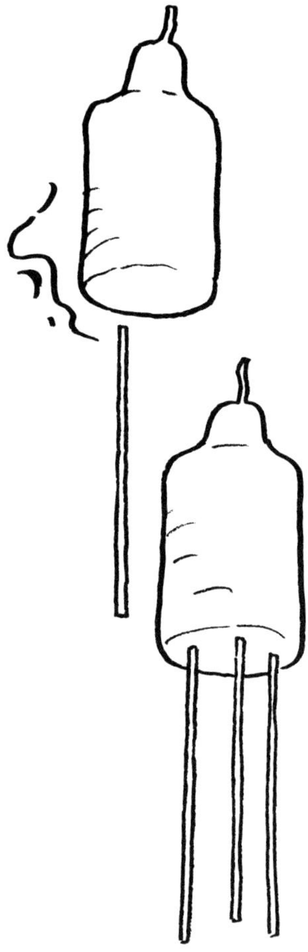

Kerzen andrahten

1,5 mm starken Stieldraht brauchen Sie dazu. Erhitzen Sie die Drahtenden über Feuer, und stecken Sie sie noch heiß in den Kerzenboden. Die Drahtenden werden von hinten am Gesteck oder Kranz gesichert.

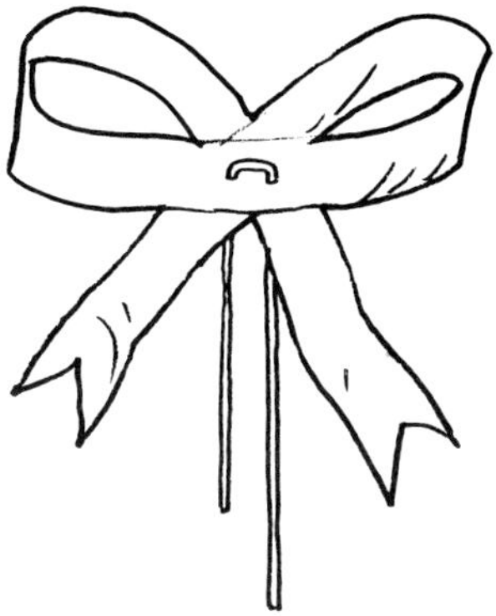

Dekorative Schleifen
Oftmals gibt eine duftige Schleife dem Gesteck oder Strauß den letzten Pfiff. Binden Sie sie, und befestigen Sie den Draht von hinten am Schleifenknoten oder halten Sie mit durchgestochenem Draht die Schleife zusammen.

verstärken gleich die schwachen Stiele, die beim Stecken oder Binden brechen würden, wie auf Seite 34 beschrieben, mit Draht.
Binden können Sie mit dünnem Draht. Die Stiele werden in einer Richtung gelegt und nach und nach von innen nach außen umwickelt.
Moose sollten Sie mit kleinen, gebogenen Drahthaken feststecken.

Wandgestaltung
Die Unterlage für Wandgestecke können Kork, Peddigrohr oder auch Holz sein.
Befestigen Sie die Steckmasse mit Draht an der Unterlage, und sichern Sie die Drahtenden dann an der Rückseite; bei Holzunterlagen müssen Sie sich mit dem Handbohrer helfen.
Sie können aber auch Porzellan- oder Steingutschalen und -teller, dekoriert mit getrockneten Blumen, an die Wand hängen. Befestigen Sie dazu die Steckmasse, gesichert mit einem doppelseitigen Klebeband. Zum Aufhängen der Gestecke gibt es im Fachhandel spezielle selbstklebende Haken, siehe auch die Abbildung auf Seite 42.

Zur Abbildung auf Seite 43:
Eine Blumenkette wurde auf den Hutrohling genäht.

Die Übersicht über die bekanntesten Trockenblumen

Deutscher Name	Botanischer Name
Acroclinium roseum, rosa und weiß	Helipterum roseum
Bärenklau	Heracleum
Beifuß, gelb, braun und rot	Artemisia
Borstenhirse	Setaria
Buchsbaum	Buxus sempervirens
Carthamus-Distel	Carthamus
Edeldistel	Eryngium
Federborstengras	Pennisetum
Fingerhut, rot	Digitalis purpurea
Flockenblume	Centaurea
Frauenmantel, gelb	Alchemilla
Fuchsschwanz, rot und grün	Amaranthus
Glockenblume	Campanula
Goldrute	Solidago
Grasnelke	Armeria
Hafer	Avena
Hagebutte	Rosa
Hasenschwanz	Lagurus
Herkuleskraut	Heracleum
Hortensie	Hydrangea
Immortelle, goldgelb	Lonas
Jungfer im Grünen, weiß, hellblau, dunkelblau und rosa	Nigella
Karde	Dipsacus
Katzenschwanz, rot und grün	Amaranthus
Königskerze	Verbascum
Kugeldistel	Echinops
Lampionblume	Physalis
Lauch	Allium
Mähnengerste, grün	Hordeum
Mais	Zea mays
Mannstreu	Eryngium
Meerlavendel	Limonium suworowii
Mohn	Papaver
Muschelblume	Moluccella
Pampasgras	Cortaderia selloana
Papierblume	Xeranthemum
Papierknöpfchen	Ammobium alatum
Perlpfötchen, weiß und gelb	Anaphalis margeritacea
Prachtspiere, weiß, creme, rot, rosa, rotviolett	Astilbe
Rhodanthe, rosa bis purpur	Helipterum manglesii
Rhodanthe, rosa und weiß	Helipterum manglesii maculata
Rittersporn, weiß, rosa, blau, himmelblau, violett	Delphinium
Roggen	Secale
Rose	Rosa
Schafgarbe, gelb	Achillea
Schilfgras, grün	Phalaris
Schleierkraut	Gypsophila
Silberimmortelle, weiß und gelb	Anaphalis margeritacea
Skabiose	Scabiosa
Sonnenflügel, rosa und weiß	Helipterum manglesii maculata
Statice, gelb	Limonium bonduellii
Statice, blau, rosa, aprikosenfarbig	Limonium sinuatum
Statice, weiß	Limonium tataricum
Straußgras	Agrostis
Strohblume, weiß, rosa, rot, bordeaux, braun, creme	Helichrysum
Weizen	Triticum
Zinnie	Zinnia
Zittergras, fein	Briza minima
Zittergras, grob	Briza maxima
Zypergras	Cyperus

Der Autor

Arie van der Lippe
Specialiteit in
droogbloem sierkunst
Hoofdstraat 81
2202 Noordwijk an Zee
Holland

Arie van der Lippe ist Blumenkünstler in Holland. Die Liebe zur Natur und zu den Pflanzen hat er von seinem Vater, und aus dieser Leidenschaft erwuchs das Grundwissen für seine weitere berufliche Laufbahn.
Seit vielen Jahren experimentiert Arie van der Lippe mit Trockenblumen und entwickelt immer wieder neue Techniken, die sich dem ständig wachsenden Blumensortiment anpassen.
Mit seinen geschmackvollen Gestecken und Sträußen ist er bekannt geworden, aber auch durch seine Ausstellungen in Deutschland, Holland, Frankreich.
Er belebt die Hallen namhafter Hotels mit seinen außergewöhnlichen Gestecken und Sträußen aus frischen und getrockneten Blumen.
Sein stilvoll eingerichtetes Blumengeschäft fällt ins Auge.
Wenn Sie einmal in Noordwijk sind, sollten Sie sich den farbenfrohen Anblick nicht entgehen lassen.

CIP-Kurztitelaufnahme der Deutschen Bibliothek

Lippe, Arie van der:
Getrocknete Blumen in natürlichen Farben binden und stecken / Arie van der Lippe. – Freiburg i. Br.: Christophorus-Verlag, 1986.
(Hobby + Werken)
ISBN 3-419-52763-2

Fotos, mit Ausnahme von Seite 45:
Ulrike Schneiders
Gesamtherstellung: Konkordia Druck GmbH, Bühl (Baden)